中国科学院大学研究生

ZHONG GUO KE XUE YUAN DA XUE YAN JIU SHENG

JIAO YU XUN LI

教育巡礼

本书编委会 ◎ 编

科 学 出 版 社

北 京

内 容 简 介

中国科学院作为国家自然科学最高学术机构、科学技术最高咨询机构、自然科学与高技术综合研究发展中心，既是我国科学研究的重要基地，也是我国培养高级科技人才的重要基地。1955 年 8 月 5 日，国务院全体会议第十七次会议审议通过《中国科学院研究生暂行条例》。随后《人民日报》在 9 月 1 日予以公布，并于 9 月 6 日发表社论指出："正规的研究生制度的建立首先由中国科学院开始，以后有条件的高等学校也应建立正规的研究生制度。"中国科学院 1958 年成立中国科学技术大学，1978 年建立新中国第一所研究生院，成为新中国研究生教育的先行者和引领者。

60 年来，中国科学院的研究生教育从高级科技人才成长规律出发，将教育与科研实践密切结合，依托国立科学研究机构，瞄准国际科技前沿和国家战略需求，注重研究生创新能力培养，利用科学研究优势资源，大规模培养科技后备力量。至今，中国科学院研究生教育已经形成了自己的特色和优势，成为我国培养高层次创新人才的重要方面军。

2015 年，在《中国科学院研究生暂行条例》颁布 60 周年之际，本书以图文并茂的形式，总结了中国科学院大学的研究生教育历史，从一个侧面生动扼要地展示了中国科学院研究生教育的特色、优势和贡献。

本书适合中国科学院科研与教学工作者、管理工作者、广大师生，以及对我国科技教育历史感兴趣的读者阅读参考。

图书在版编目（CIP）数据

中国科学院大学研究生教育巡礼/《中国科学院大学研究生教育巡礼》编委会编. —北京：科学出版社，2015.12
ISBN 978-7-03-047005-8

Ⅰ. ①中… Ⅱ. ①中… Ⅲ. ①中国科学院－研究生教育－概况
Ⅳ. ① G643.6

中国版本图书馆 CIP 数据核字（2016）第 009807 号

责任编辑：钱　俊/责任校对：彭　涛
责任印制：肖　兴/装帧设计：金舵手世纪

科 学 出 版 社 出版
北京东黄城根北街 16 号
邮政编码：100717
http://www.sciencep.com

北京利丰雅高长城印刷有限公司 印刷
科学出版社发行　　各地新华书店经销

*

2016 年 4 月第 一 版　　开本：889×1194　1/16
2016 年 4 月第一次印刷　　印张：5 1/2
字数：100 000

定价：68.00 元

序　言

　　中国科学院作为国家自然科学最高学术机构、科学技术最高咨询机构、自然科学与高技术综合研究发展中心，既是我国科学研究的重要基地，也是我国培养高级科技人才的重要基地。1955 年 8 月 5 日，国务院全体会议第十七次会议审议通过《中国科学院研究生暂行条例》。随后《人民日报》在 9 月 1 日予以公布，并于 9 月 6 日发表社论指出："正规的研究生制度的建立首先由中国科学院开始，以后有条件的高等学校也应建立正规的研究生制度。"中国科学院 1958 年成立中国科学技术大学，1978 年建立新中国第一所研究生院。历史使中国科学院成为新中国研究生教育的先行者和引领者。

　　中国科学院自实施知识创新工程、"创新 2020"以来，高质量、多领域地发展研究生教育，建成了以中国科学技术大学和中国科学院大学（原中国科学院研究生院）为核心、覆盖全院研究所的教育体系，形成了独具特色的科教融合的研究生教育模式，研究生教育水平不断提高。

　　60 年来，中国科学院立足创新实践，培养造就了近千名新一代科技领军人物和科技尖子人才，形成了一支高水平的科技创新队伍，包括 300 余位"973"计划项目首席科学，1000 余位国家杰出青年科学基金获得者，140 余个国家自然科学基金创新群体，400 余位通过"千人计划"引进海外高层次人才，900 余位在重要国际科技组织、学术期刊担任重要职务的专家；同时，向不同专业、行业、政府部门，以及企业、高校及科研院所等输送了大批创新创业人才，有力支持了我国现代化建设与发展。

　　中国科学院的研究生教育从高级科技人才成长规律出发，将教育与科研实践密切结合，依托国立科学研究机构，瞄准国际科技前沿和国家战略需求，注重研究生创新能力培养，利用科学研究优势资源，大规模培养科技后备力量。经过六十年来的探索和实践，中国科学院研究生教育已经形成了自己的特色和优势，成为我国培养高层次创新人才的重要方面军。

　　在新时期新阶段，中国科学院肩负"出成果、出人才、出思想"战略使命，启动实施了"率先行动"计划，努力实现"四个率先"目标，即"率先实现科学技术跨越发展，率先建成国家创新人才高地，率先建成国家高水平科技智库，率先建设国际一流科研机构"。

　　今年正值《中国科学院研究生暂行条例》颁布 60 周年。为总结中国科学院研究生教育一个甲子的历史与经验，我们特编撰出版了本书，以图文并茂的形式，生动扼要地展示中国科学院的研究生教育特色、优势和贡献。

本书编委会
2015 年 9 月

目 录
CONTENTS

弦歌不辍 砥砺前行

XUAN GE BU CHUO DI LI QIAN XING

建国伊始，百废待兴、人才奇缺，中国科学院不仅是国家战略科研的主要承担者，还是研究生教育的先行者、探索者。

1949 年 11 月 1 日，中国科学院伴随着新中国的诞生而成立。1951 年 6 月 11 日，中国科学院与教育部联合发布了《中国科学院所属研究机构、中央教育部所属高等学校研究部一九五一年暑期招收研究实习员、研究生办法》，拉开了新中国研究生教育的序幕；1955 年 8 月 5 日，《中国科学院研究生暂行条例》颁布，标志着中国科学院研究生教育制度正式建立。改革开放之初，中国科学院又积极推动了我国研究生教育的恢复和发展，并发挥了示范和带动作用。中国科学院率先建立研究生制度，建立新中国第一所研究生院；培养了我国的第一个理学博士、第一个工学博士、第一个女博士、第一个双学位博士。60 余年的风雨历程，中国科学院已经培养了 8.8 万余名硕士、6.5 万余名博士。

在实施创新驱动发展战略的新时期，中国科学院正全力推行"率先行动"计划，凝聚全院之力，发挥"科教融合"的优势，积极探索拔尖创新人才培养模式，致力于"率先建成国家创新人才高地"。

教育大事记

COURSE

1958 年 9 月 20 日

经党中央批准，中国科学院创办了中国科学技术大学（简称中科大），按照"全院办校、所系结合"的方针，开始了大学本科生的培养。郭沫若院长兼任首任校长。

1964 年 9 月

中国科学院试办"中国科学院研究生院"。

1951 年 6 月 11 日

由中国科学院、教育部联合发布了《1951 年暑期招收研究实习员、研究生办法》，拉开了新中国研究生教育的序幕。

1955 年 8 月 5 日

《中国科学院研究生暂行条例》国务院审议通过，标志着中国科学院研究生教育制度的正式建立。

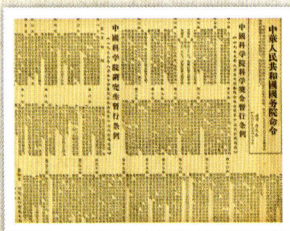

1978 年 3 月 31 日

经党中央、国务院批准，由中国科学院创办的中国科学技术大学研究生院在北京正式成立，这是我国成立最早的一所研究生院。1978 年 3 月 31 日，国务院任命著名物理学家严济慈为研究生院首任院长。

1983 年 5 月 27 日

国务院学位委员会和北京市人民政府在人民大会堂联合召开博士学位和硕士学位授予大会，首批授予博士学位的 18 人中，12 人为中国科学院研究生。

1996 年 2 月 26 日

国家教委批准中国科学技术大学建立研究生院，是我国首批正式建立的 10 个研究生院之一。

2012 年 6 月 27 日

经教育部、中编办批复，中国科学院研究生院正式更名为中国科学院大学（简称国科大）。

1999 年 7 月

中国科学技术大学成为国家首批建设的 9 所"985 工程"高校之一。

1985 年 11 月 15 日

中国科学技术大学研究生部正式更名为中国科学技术大学研究生院（合肥）。

1979 年 12 月

李政道教授倡议、设计、主持了中美联合招考赴美物理学研究生项目（CUSPEA），招考中国物理学研究生赴美国著名大学攻读博士学位。CUSPEA 项目的实施，是我国人才培养和教育交流领域的开端，具有划时代的历史意义。

1995 年 12 月

中国科学技术大学获批成为全国首批进行"211 工程"建设的大学。

2000 年 12 月 29 日

中国科学技术大学研究生院（北京）更名为中国科学院研究生院。

1949 年 –1966 年
初创与探索期

　　建国伊始，百废待兴、人才奇缺。第一代领导人高瞻远瞩，决策和批准组建成立了中国科学院。中国科学院在成立之后，不仅是国家战略科研的主要承担者，也是研究生教育的重要探索者。在探索中，中国科学院逐渐形成了"科研与教育并举，出成果与出人才并重"的思路，着力于为国家培养高级科学人才。

招收研究实习员——为新中国探索研究生教育

　　1949 年 9 月，中国人民政治协商会议明确提出"设立科学院为国家最高的科学机关"，中国科学院也据此将"培养与合理地分配科学研究人才"作为三大基本任务之一；当时的《建立人民科学院草案》中，提出了"有计划地利用近代科学成就以服务于工业、农业和国防建设，组织并指导全国的科学研究，提高科学水平"的基本任务。

　　新成立的中国科学院在机构建设方面发展较快，聚集了许多高水平科学家。至 1953 年 4 月，全院科研人员 1268 人，其中高级研究人员 349 人。然而，中国科学院各所属机构的科研力量并不平衡，大部分机构的科研力量还很薄弱。因此，无论对自身发展还是对担负国家建设任务来说，中国科学院都需要壮大各学科，尤其是基础薄弱学科的科研队伍。

　　建院后，中国科学院将培养研究实习员作为培养初级研究人员的一条重要途径。1950 年，中国科学院就进行了首次招考研究实习员。1951 年 6 月 11 日，由中国科学院、教育部联合发

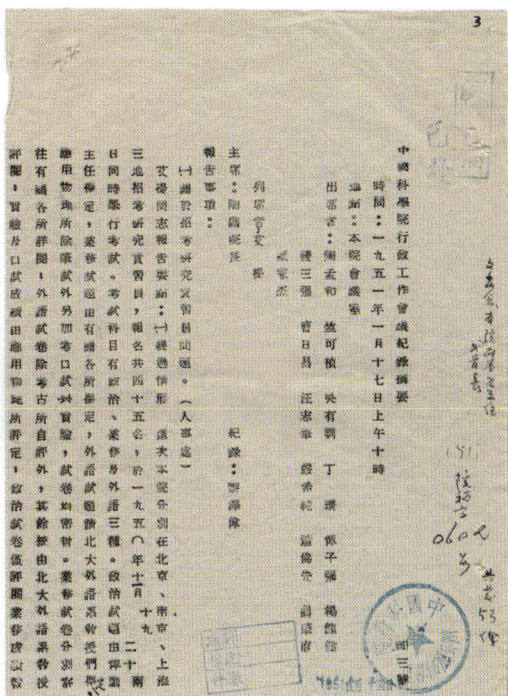

● 1951年暑期，中国科学院招收实习研究员

布了《中国科学院所属研究机构、中央教育部所属高等学校研究部一九五一年暑期招收研究实习员、研究生办法》，拉开了新中国研究生教育的序幕。文件规定，中国科学院为培养科学研究人才招收研究实习员，教育部为培养高等学校的师资招收研究生。当年，中国科学院招收了95名，占全国总数276名的三分之一。

招收培养研究实习员为中国科学院探索建立研究生教育制度提供了重要的参考经验。例如，制定明确培养目标和具体措施，开设专门课程和讨论班；安排导师负责指导研究实习员的学习和工作；尝试在科研工作中培养研究实习员；注重独立思考和解决困难的能力，也注重基本理论和基本技术训练。在培养研究实习员过程中，中国科学院也发现了很多不足。比如，院里缺乏统一的制度和明确的指示，高级研究员太少，导致对研究实习员的指导不足，等等。这些实践中获得宝贵经验，不断影响和改变着中国科学院对研究生教育的思考，也激发出中国科学院开创我国研究生制度先河的勇气。

60余年的发展中，中国科学院的研究生教育遵循教育发展规律，由理论指导实践、从实践完善理论，从稚嫩到成熟，不断修正和创新着教育方式。

《中国科学院研究生暂行条例》正式颁布

通过招收培养研究实习员以及借鉴苏联科学干部培养机制，中国科学院对研究生教育以及

中華人民共和國國務院命令

中國科學院科學獎金暫行條例

中國科學院研究生暫行條例

（一九五五年八月五日國務院全體會議第十七次會議通過）

● 1955 年 8 月 5 日，国务院全体会议第 17 次会议通过了《中国科学院研究生暂行条例》

自身在科学人才培养方面的优势，理解更加深刻，并开始主动探索创建我国的研究生教育制度。

1954 年 6 月 12 日，中国科学院成立"中国科学院研究生条例与学术奖励条例起草委员会"，竺可桢副院长出任主任委员。1955 年 5 月 6 日，中国科学院党组将上述两条例修订草案上报中央宣传部审核，并请中央书记处审阅批示。是年 6 月，在中国科学院举行的学部成立大会上，与会学部委员对这两个修订草案进行了深入讨论。

1955 年 8 月 5 日，国务院全体会议第 17 次会议通过了《中国科学院研究生暂行条例》（以下简称《条例》），8 月 31 日，由周恩来总理签发后颁布实施。该《条例》的颁布，标志着中国科学院研究生教育制度的正式建立。《人民日报》在 9 月 6 日第一版发表社论《积极培养科学研究工作的新生力量》。社论指出："……正规的研究生制度的建立首先由中国科学院开始。……有条件的高等学校也应建立正规的研究生制度，其他的高等学校也应当结合科学研究工作的开展，积极创造这样的条件。" 1956 年 1 月，周恩来在中共中央召开的关于知识分子问题会议上的报告中提出，"用极大的力量来加强中国科学院，使它成为领导全国提高科学水平、培养新生力量的火车头"。按照党中央国务院的要求，中国科学院在担负着战略科研重任的同时，也加快了教育事业的发展，努力为国家培养急缺的科研骨干人才。

《条例》简介

《条例》依次分为"总则"、"研究生的招收"、"研究生的培养"、"研究生的待遇与工作分配"4章，共28条。"总则"规定了制定条例的目的、研究生毕业应达到的水平和所获学位，以及科学工作人员申请学位的要求等。"研究生的招收"规定了招生时间、考生的条件和须送交的材料、入学考试科目等。"研究生的培养"涉及研究生的修业期限、学术导师人选、研究生的培养方式和个人计划及学术活动、学位论文选题和答辩及学位授予等诸多方面。"研究生的待遇与工作分配"涉及研究生在学期间的待遇与毕业分配问题。

《条例》从整体上对有关研究生招生、培养、学位答辩、毕业应达到的研究水平、待遇和工作分配等教育的各项重要环节，均作了较为具体而系统的规定。其中，"研究生的培养"规定最为详细，突出了培养工作在研究生教育中的核心地位。

首次研究生招考

在国务院颁布《中国科学院研究生暂行条例》之前，中国科学院于1955年5月12日成立了研究生招生委员会。招生委员会委员主要以学有专长并担任重要学术领导职务者为主，包括贝时璋、柳大纲、潘梓年、钱三强、钱伟长、吴有训、武衡、许杰、严济慈、郁文、曾毅、周培源、竺可桢。其中副院长吴有训为委员会召集人。

中国科学院于1955年9月5日在全国各大报纸刊登招生启事。在这次招生中，研究生招生委员会坚持了"既要保证质量，又要保证数量"的方针，最终在42个专业录取了72名考生，占全国招生人数4.1%。参与招生研究所28个（实际招生研究所27个），招生导师有68人（实际为60人）。

吴有训先生
中国近代物理学奠基人
教育家

创办中国科学技术大学

20 世纪 50 年代，世界科学技术的发展异常迅猛，欧美和日本等发达国家都掀起了科技革命的浪潮。新中国的科学事业虽然已经开始起步，但整体科技实力与西方发达国家相比还有很大差距。十二年科学技术发展远景规划制定以后，中国科学院为尽快发展国家重要的、急需的空白和薄弱学科，迫切需要大量掌握尖端科学技术的优秀年轻后备人才。

1958 年 6 月 2 日，中共中央总书记邓小平主持召开中央书记处会议，决定批准中国科学院试办一所大学的报告。6 月 8 日，中国科学院院长郭沫若主持召开筹备委员会第一次会议。三个月后，即 1958 年 9 月 20 日，中国科学技术大学（简称"中科大"）在北京开学。中国科学院院长郭沫若兼任校长，院副秘书长、党组成员郁文兼任校党委书记。9 月 21 日，《人民日报》发表评论员文章，称中科大的成立是"我国教育史和科学史上的重大事件"。

中国科学技术大学按照"全院办校、所系结合"的方针，开始了大学本科生的培养。学校紧紧围绕国家急需的新型科技领域设置系科专业，创造性地把前沿科学与高新技术相结合，注重基础课教学，高起点、宽口径培养新兴、边缘、交叉学科的尖端科技人才，汇集了一大批国内最有声望的科学家，建校第二年即被中共中央批准列为首批全国重点大学。

图左：1958 年
中国科学技术大学举行开学典礼

图右：1958 年 9 月 21 日
《人民日报》报道中国科学技术大学成立

图下：1958 年 9 月 20 日，首任校长郭沫若在中国科学技术大学开学典礼致辞

我国教育史和科学史上的重大事件
中国科学技术大学开学
主要培养具有共产主义觉悟的尖端科学研究人材

新华社20日讯 培养具有共产主义觉悟的尖端科学研究人材的中国科学技术大学，今天正式开学。它是一座新型的红专学府，設立在北京近郊。全校有一千六百名学生，他們中間70%是工农和革命干部的子弟，都是經过严格考选，政治品質和学业成績优良的高中畢业生。今天起，他們就要开始紧张的学習和劳动相結合的生活。

这个学校是中国科学院和教育部联合举办的。中国科学院院長郭沫若兼任校長，党委書記是郁文，副書記是[illegible]、[illegible]、田夫。教师大多由中国科学院各研究所的高級研究人員担任。学校現設原子核物理和原子核工程、技术物理、应用地球物理、化学物理、无綫电电子学、放射化学和辐射化学、物理热工、高分子化学和高分子物理、应用数学和計算技术、力学、生物物理、自动化、地球化学和稀有元素等十三个系。

这座大学是在党和政府的关切和支持下，在短短三个月中从无到有地建立起来的。建設过程中，得到了许多单位的帮助，所以它是共产主义协作的产物。

今天上午，全校师生在校本部举行了隆重的开学典礼。国务院副总理聂荣臻、中国人民大学校長吴玉章、中国科学院副院長张劲夫、陶孟和、吴有训，北京大学副校長周培源，以及教育部等有关部門的負責人，都参加了典礼。

郭沫若校長在典礼上致詞。他說："我們一定能够很快地把我們的学校办成模范的紅专大学，办成为新型的共产主义大学。为了实现这个任务，根据党的指示，我們必須实行'三綱五化'。"所謂的三綱是：一、政治挂帅，党的坚强領导；二、勤工俭学，教学、研究和生产劳动相結合；三、搞尖端科学技术，为国家建設事业服务。"五化"是：思想馬克思列宁主义化，生活工农化，組織軍事化，教学集体化和技能多面化，这些是实现三綱的步驟和方針。

聂荣臻副总理在典礼上作了指示。他說：由于目前我国科学技术力量远远不能适应国家建設事业發展的需要，因此必須采取措施，大力培养新生力量。我們曾經倡議过，应当开办一种新型的大学，这种大学和研究机构靠在一起，以世界最新的科学技术为主要課程，选拔优秀的高中畢业生，給以比較严格的科学基本知識和技术操作的訓練，在三、四年級时，讓学生到相关的研究机构中参加实际工作，迅速掌握业务知識，加快新的科学干部的培养，以便在短时期內使我国最急需的缺門、空白和新兴学科的力量赶上先进国家水平。这个倡議現在实现了。經过短短的时間，在郭沫若院長直接領导下进行了筹备工作，一个共产主义的新型大学——中国科学技术大学誕生了。这将是写在我国教育史和科学史上的一項重大事件。这个学校不同于一般理工大学，它主要的是培养目前世界上最新的尖端性的科学技术干部。

聂副总理說：党中央和国务院今天公布了一項关于教育工作的指示。在这个指示中，确定了教育为无产阶级政治服务，教育与生产劳动相結合，教育工作必須由党来領导，必須走群众路綫等重要方針。这个指示，就是我們办好这座大学的行动的指南，是建設一座共产主义的新型的大学的最重要的保証。

接着，吴玉章、周培源、解放軍政治学院副院長黄文霖和学生代表等都在会上讲了话。

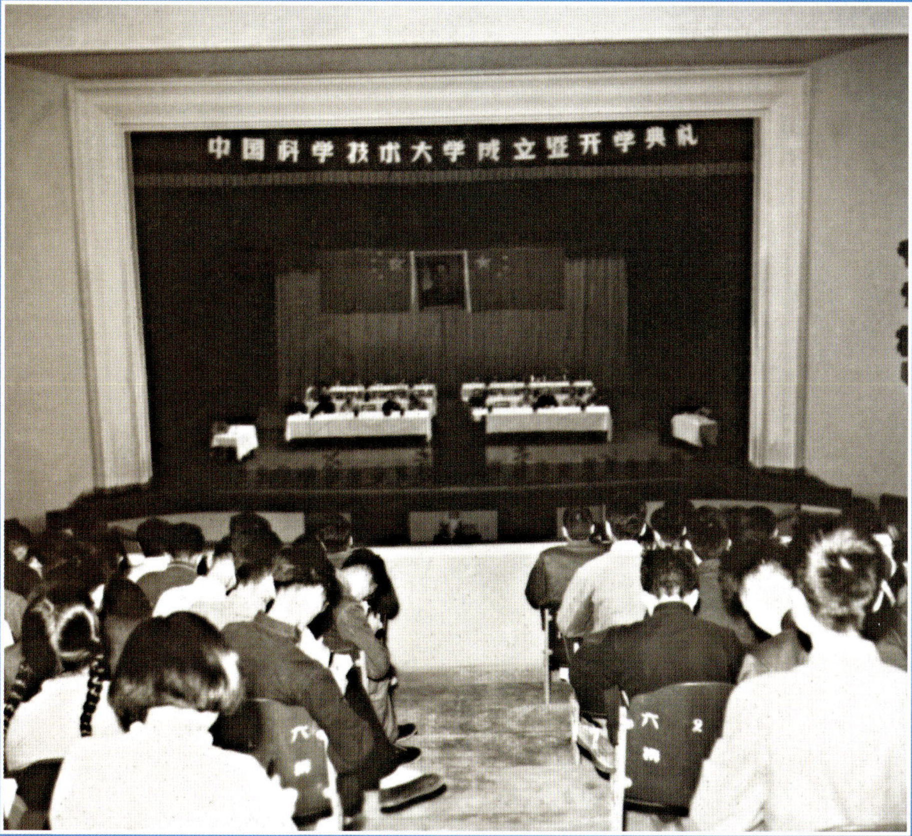

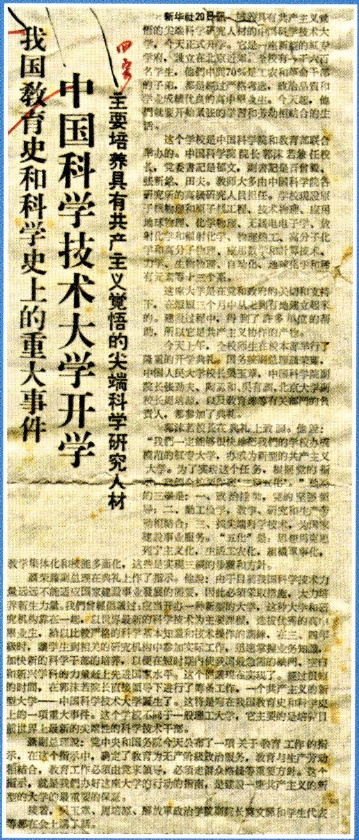

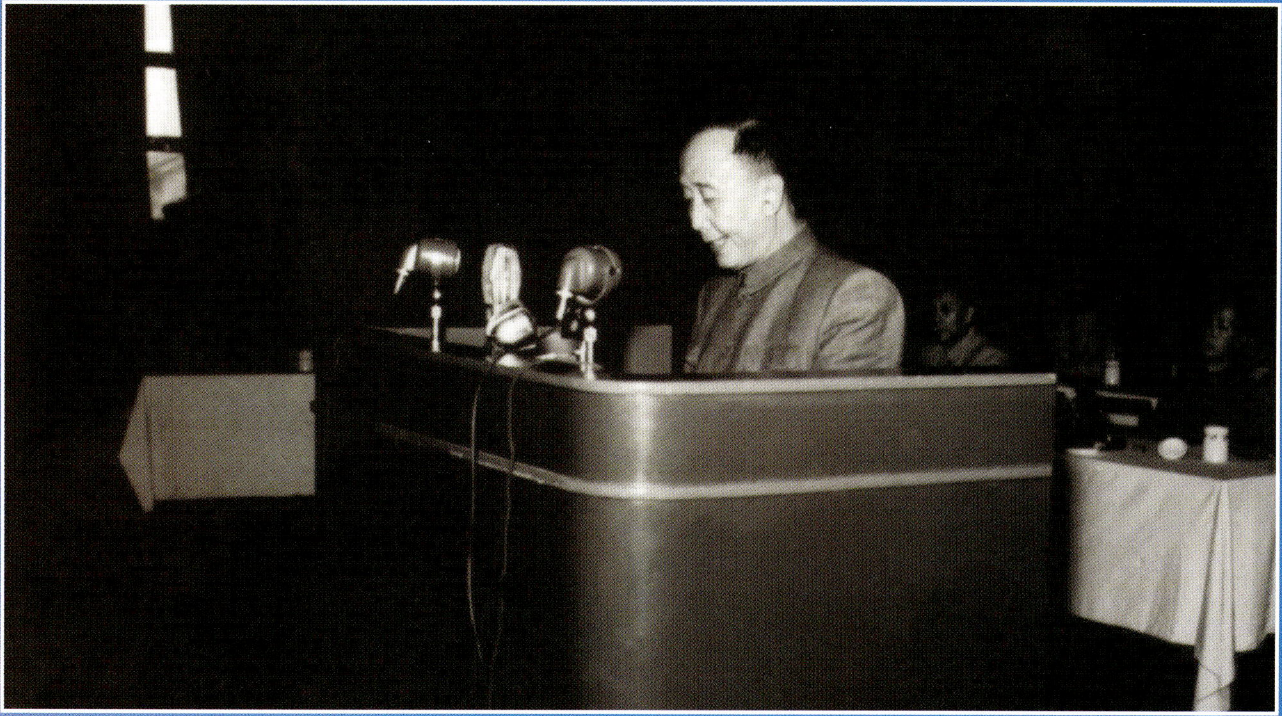

试办中国科学院研究生院

1964 年 9 月，在地球物理研究所所长赵九章等著名科学家的积极呼吁下，中国科学院开始在研究所密集的北京中关村地区，依托中国科学技术大学的第一教学分部，试办"中国科学院研究生院"，得到师生的广泛响应。当时的中国科学院研究生院，专门承担京区各研究所研究生的哲学、外语和其他公共基础课的教学，以及前期生活、学籍、政治思想工作的管理。1964 年和 1965 年两届，中国科学院研究生院共有近 300 名学生，分四个班，每个班都配备有指导员。1966 年后，"文化大革命"期间中国科学院研究生院停办。

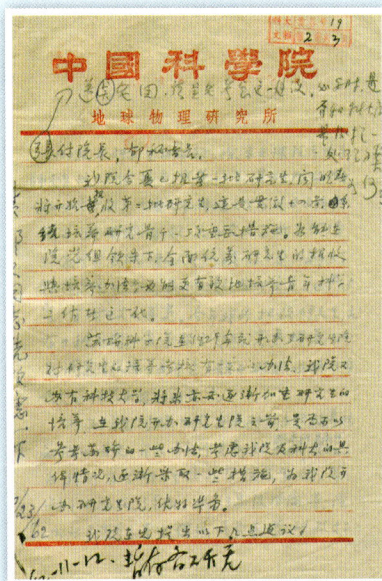

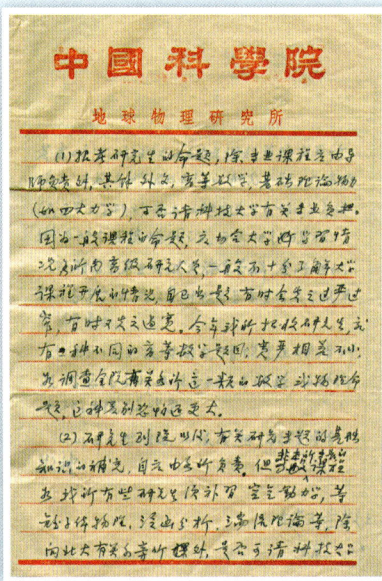

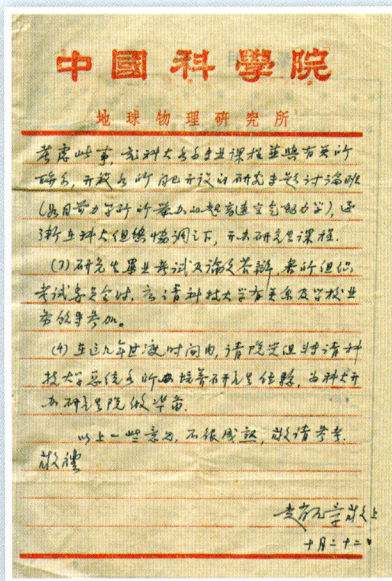

● 1962 年 10 月，赵九章致信中国科学院领导，建议试办中国科学院研究生院

● 1965 年，中国科学院研究生院首届学生合影

研究生教育初见成效

1960年以后，中国科学院开始陆续有研究生毕业。高质量的毕业生获得院内外单位的欢迎。1963年1月28日，《人民日报》在第一版发表专题报道《科学院培养出一批优秀人才》，高度评价了中国科学院研究生的质量："自从一九五五年国务院决定建立研究生制度以来，中国科学院已经培养出了九十九名研究生。这些经过深造的科学人才，绝大多数都打下了坚实的理论基础，学会了独立探讨本门学科的本领，并且能够熟练地运用两门以上的外文，有的甚至可以用四五门外文阅读专业书籍。他们在物理、化学、数学、地球物理、无线电电子学、地质、地理、冶金、机械、土木建设、生物、古生物等各项自然科学的研究中，提出了许多理论的或实际的新见解。"至1965年5月，中国科学院正式批准毕业的研究生达137人。

文化大革命开始前的1955-1965年，是中国科学院教育事业的初创时期。在此期间，尽管中国科学院几经政治运动的冲击和干扰，但其研究生教育仍然走上了正规发展的轨道，形成

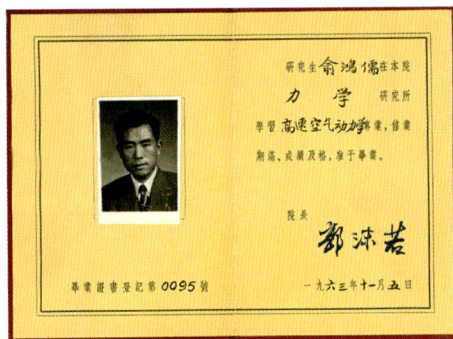

● 俞鸿儒院士毕业证书

了导师力量强大、研究基础雄厚、专业分布广泛的特色，并取得了一定的成效。中国科学院先后有81个研究所招收培养研究生，占全国研究生招生单位数的三分之一；中国科学院各研究所累计招收培养了1517名研究生。事实证明，研究生教育已成为中国科学院培养高中级科研人才的重要途径，中国科学院也成为新中国研究生教育的开拓者和先行者。

1955~1965年度中国科学院研究生招生情况一览表

年度	中国科学院招生数	全国招生数	站全国招生数的比例/%
1955	72	1751	4.1
1956	249	2235	11.1
1957	20	334	6.0
1958	0	275	0
1959	0	1345	0
1960、1961	352	4473	7.9
1962	213	1287	16.6
1963	193	781	24.7
1964	261	1240	21.0
1965	157	1456	10.8
合计	1517	15177	10.0

1962 年 ~1965 年，中国科学院研究生培养单位数量变化

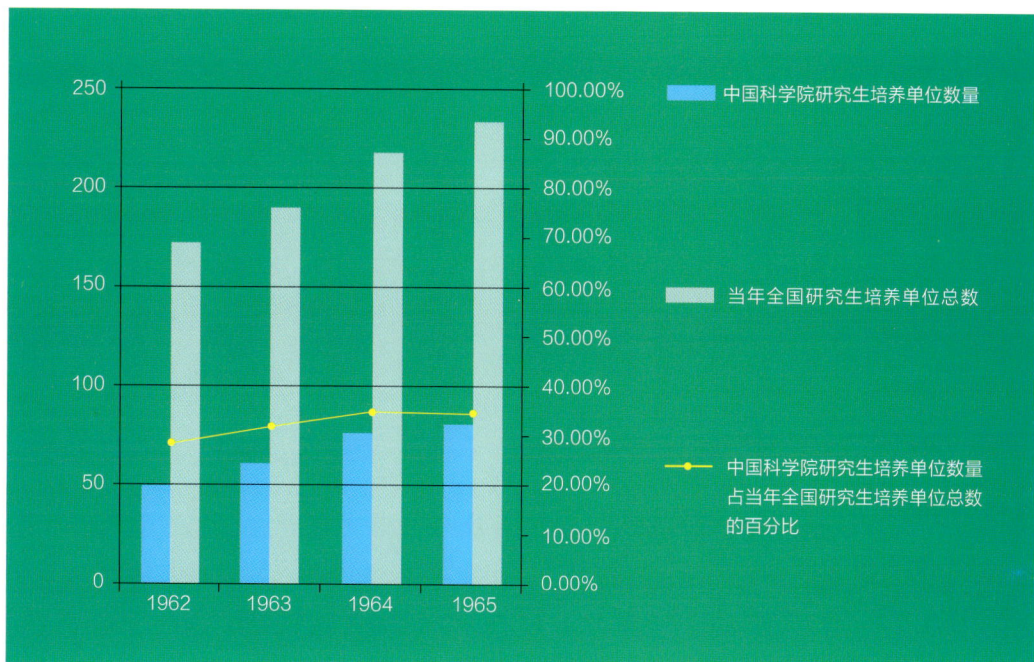

图例：
- 中国科学院研究生培养单位数量
- 当年全国研究生培养单位总数
- 中国科学院研究生培养单位数量占当年全国研究生培养单位总数的百分比

1962 年 ~1965 年，中国科学院在学研究生数量变化

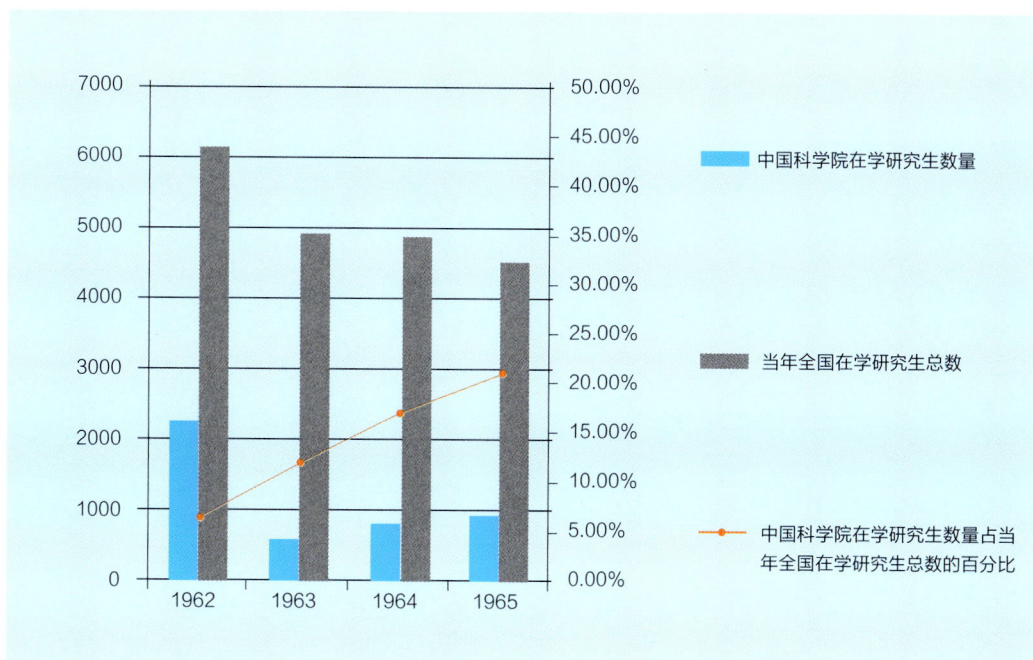

图例：
- 中国科学院在学研究生数量
- 当年全国在学研究生总数
- 中国科学院在学研究生数量占当年全国在学研究生总数的百分比

选派留学生

中国科学院在建院初期就对留学教育较为重视。1950 年 2 月 -7 月，院联络局确定了向苏联选派留学生的原则，拟订了《中国科学院派遣研究人员留学计划大纲草案》。后经中央人事部与中央教育部审查、考试，最终核定 7 人留苏学习。1951 年 8 月 12 日和 18 日，这 7 人分两批离开北京。这是中国科学院首次派遣出国留学生。截至 1955 年，中国科学院共选派 71 人，其中研究生 35 人，大学生 36 人。留学国家除苏联外，还有民主德国、波兰、匈牙利、保加利亚、罗马尼亚等东欧国家。所学领域包括数学、物理、化学、生物、技术科学、社会科学以及图书管理等。

1955 年之后，中国科学院进一步加强了选派留学生的工作。选派渠道不再只限于高等教育部，而是通过中苏两国科学合作协议以及中国与苏联科学院、中国与东欧社会主义国家科学院签订的两院科学合作协议开展工作。从 1956 年起直接向苏联等东欧国家派遣留学生。至 1959 年 4 月，选派出国的研究生、实习人员、进修人员共计达 594 人。所修方向仍然以国内空白、薄弱而又急需发展而我国又没有力量培养的专业为主。

1960 年以后，随着中国与除美国外的不少西欧资本主义国家的关系已有所缓和，中国科学院开始通过口头协议以民间方式向一些西欧国家派遣留学生。1961 年 10 月 25 日，张劲夫向聂荣臻汇报中国科学院工作时，聂荣臻指示"要派一些研究生到英国、法国、瑞士等国留学，学一些精密的东西。我们不要孤立自己，要积极向国外学习先进的科学技术"。20 世纪 60 年代，中国科学院向西欧派遣留学生的国别包括英国、法国、比利时、瑞典、丹麦等，另外，也向日本派出少量留学生。

1966 年"文化大革命"爆发前，中国科学院选派留学生的工作已取得显著成绩。据中国科学院党组 1963 年 3 月的报告，全院从苏联和东欧国家返国的留学生 760 人。其中，留苏 713 人，留学东欧 47 人；研究生 311 人，进修生 146 人，大学毕业生 303 人。

● 第一批留苏学生合影

　　这批留学生回国后建立或发展起 10-20 门新兴学科，很多都成为工作中的中高级骨干。至 20 世纪八九十年代，中国科学院 1966 年前选派的出国留学生，已有相当一部分成为其所在科研领域的带头人，有些被推选为中国科学院院士，有些成为中国科学院的重要领导者。

**1977年 - 1997年
恢复与成熟期**

文化大革命结束后，中华民族迎来了科学和教育的春天。中国科学院适应时代的呼唤、国家的需求，率先推进研究生教育制度的恢复和发展，创办了新中国第一所研究生院，形成了适宜于科研机构研究生教育的"两段式"培养模式，培养了我国第一位理学博士、第一位工学博士、第一位女博士、第一位双学位博士。

创办新中国第一所研究生院

创办研究生院是中国科学院在教育领域具有深远影响的一个创举。中国科学院的科学家有相当大的比例具有国外研究生院的留学经历，并获得过硕士、博士学位。他们清楚，研究生教育是培养高级人才的必经之路。

1977年9月5日，中国科学院向国务院提交了《关于中国科学技术大学几个问题的报告》，其中提出委托中国科学技术大学在北京设立研究生院；9月10日，中国科学院又向国务院呈交了《关于招收研究生的请示报告》，提出了中国科学院关于研究生工作的一些具体的办法。中央先后于9月15日和10月初批准了这两个报告，决定中国科学院所属的研究所

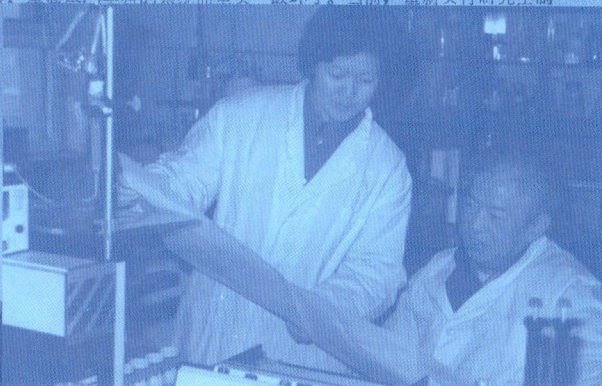

和大学率先恢复招收研究生的制度。1977 年 11 月，中国科学院与教育部联合发布了《关于一九七七年招收研究生具体办法的通知》，标志着我国研究生教育在中断了 12 年之后，得以恢复。1978 年 1 月，教育部和中国科学院决定，将 1977 年和 1978 年招收研究生的工作合并进行，统称为 1978 级研究生。

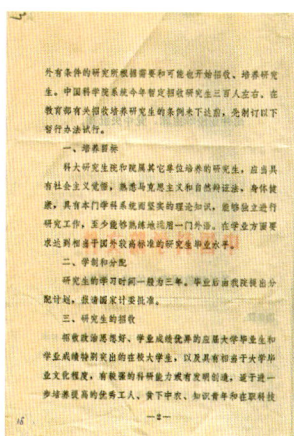
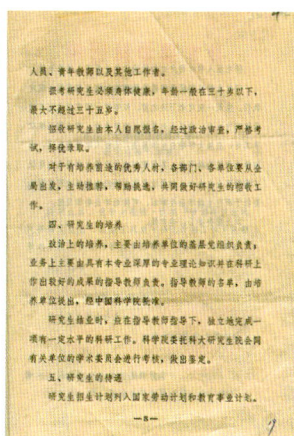
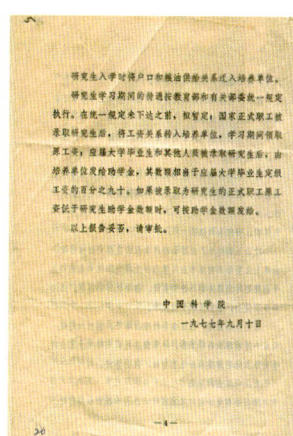

● 中国科学院向党中央提出招收研究生和创办研究生院的请示

（78）国政字第5号

中华人民共和国国务院

关于严济慈等同志任职的批复

中国科学院：

国务院同意：

严济慈同志任中国科学技术大学研究生院院长，马西林同志任中国科学技术大学研究生院副院长，秦馨伯同志任中国科学技术大学研究生院副院长，钱志道同志任中国科学技术大学研究生院副院长，彭　平同志任中国科学技术大学研究生院副院长。

一九七八年三月三十一日

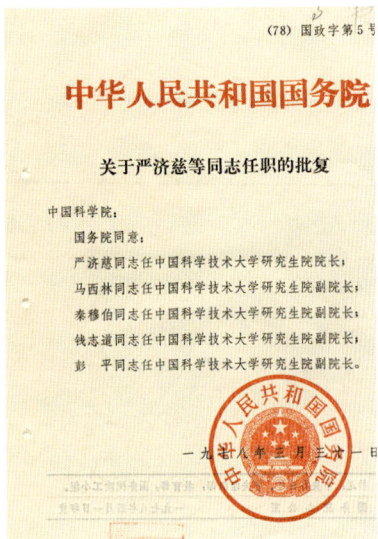

● 1978年国务院关于严济慈院长等领导的任命文件

● 中国科学技术大学研究生院首任院长严济慈

1978年3月31日，中国科学技术大学研究生院在北京正式成立，国务院批准时任中国科学院副院长的严济慈先生担任研究生院院长，这是新中国第一所研究生院。1982年5月，中国科学院党组批准研究生院在对外交流中，同时使用"中国科学院研究生院"的名称。

● 新成立的研究生院设有数学、物理、化学、天文、地理、生物学、无线电技术、计算机工程、空间技术、环境科学以及科学组织管理等专业，1978年10月14日开学。

● 中国科学技术大学研究生院首届开学典礼

培养科研人才适应四个现代化的需要

中国科技大学研究生院在京成立

为办好研究生院而竭尽全力

严济慈

　　中国科学技术大学研究生院的成立，成为我国恢复研究生教育制度的重要标志，在国内外引起了强烈反响。当年报考者 14000 余人，经严格选拔，录取了 1171 名研究生。1981 年，首届研究生毕业。至 2000 年，研究生院组建和成立了教学部、学术机构及实验室；确立了招生原则和培养原则，不断总结和规范教学体系；在充实和完善师资队伍的同时，邀请海内外名师授课；与国外著名高校、科研机构建立广泛的合作与交往。

● 中国科学技术大学研究生院首届研究生毕业典礼

图左：李政道先生讲学 ｜ 图右：研究生在实验室

图下：1978 年，中国科学技术大学研究生院建院初期，解放军帮助盖木板房和铺马路在成立之初，研究生院把自己定位为与中国科学院京区各研究所联合培养研究生的一所学校，其主要任务是承担京区各研究所研究生的基础课教学。研究生院邀请了国内众多顶尖科学家和国外知名学者前来授课。在严济慈院长的亲自主持下，王大珩、彭桓武、叶笃正、刘东生、吴文俊、关肇直等一大批科学家，纷纷登上研究生院的讲台为学生们讲授课程；著名华人学者李政道先生专门到研究生院开设课程，杨振宁、吴健雄、陈省身、林家翘先生等也到校主持讲习班或讲学；李佩先生主持的研究生院外语系，是当时公认的全国研究生外语教学最强的单位，李佩先生也被国际同行誉为"中国的应用语言学之母"。虽然当时的研究生院办学条件简陋，曾被大家称为"板房学院"，但是群贤毕至，校风纯正，可谓"谈笑有鸿儒，往来无白丁"。

自从建立起研究生院，中国科学院的研究生培养就被分为两个阶段：第一阶段，在研究生院（或科学院分院、大学）学习基础理论知识等课程，并接受基本实验技术训练；第二阶段，到研究所进行科研实践，完成研究生的科研论文。学生在研究所内，与导师接触紧密，接受的言传身教更多。许多老科学家十分重视研究生培养工作，微生物所方心芳研究员曾说："如果培养不出比自己高明的人才，那是自己的失败，绝不是自己的学识高不可攀。"

1978~1997 年间中国科学院研究生录取情况

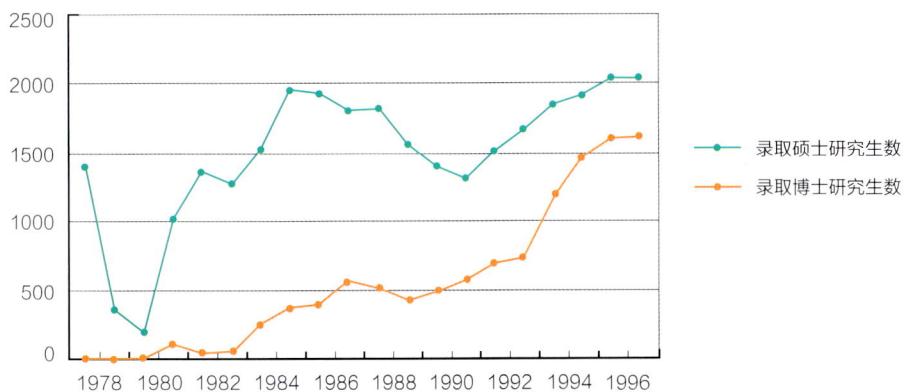

图例：
● 录取硕士研究生数
● 录取博士研究生数

谈笑有鸿儒 往来无白丁

中国科学院首批博士学位获得者

　　学位是衡量个人学术水准的重要标尺。建立学位制度对提高我国人才培养质量具有深远意义。1980 年，五届全国人大常委会第 13 次会议通过《中华人民共和国学位条例》，学位条例规定"硕士学位、博士学位，由国务院授权的高等学校和科学研究机构授予"，以立法的形式确立了中国的研究生教育是由高等学校和科学研究机构共同进行。首任国务院学位委员会主任由时任中国科学院院长的方毅出任。

　　1982 年 6 月中旬，经国务院学部委员会批准，中国科学院首先进行试点，进行了我国首次博士学位论文答辩。1983 年 5 月 27 日，国务院学位委员会和北京市政府，在人民大会堂联合召开博士学位和硕士学位授予大会，共授予 18 人博士学位，其中来自中国科学院的研究生达 12 人。他们是高能物理研究所马中骐、系统科学研究所谢惠民、计算技术研究所冯玉琳、理论物理研究所黄朝商、生物物理研究所徐功巧、地球物理研究所徐闻耀，中科大李尚志、赵林城、白志东、范洪义、单墫、苏淳。

　　自 1978 年恢复招收研究生以来，截止到 1997 年底，中国科学院共招收培养硕士研究生 29300 人，授予硕士学位 19672 人；招收博士生 11000 人，授予博士学位 4300 人。随着大量优秀人才的培养和输送，中国科学院为国家建设和科教事业发展做出了重要贡献。

● 1983 年 5 月 27 日首届博士学位获得者在人民大会堂合影

● 高能物理研究所马中骐参加博士论文答辩

● 文革后我国培养的第一名女博士徐功巧（1983 年 毕业）
导师：邹承鲁院士

人民日报

我国依靠自己的力量

第一次培养出博士和大批硕士

据新华社北京 5 月 26 日电 我国自1980年建立学位制度以来，全国已先后授予18人博士学位，近1.5万人硕士学位，32万多人学士学位。现在学校攻读硕士学位的研究生有近千人，攻读硕士学位的研究生有两万多人。学位制度的建立是我国教育史和科技发展史上的一件大事，完全依靠自己的力量培养博士和大批硕士在我国历史上还是第一次。学位工作的开展，将促进专门人才的成长。

于秀源（指导教师潘承洞教授），男，41岁，山东大学1978年入学研究生，学习专业"基础数学（数论）"1983年5月经山东大学学位评定委员会批准授予理学博士学位。

范洪义（指导教师阮图南教授），男，35岁，中国科学技术大学1978年入学研究生，学习专业"理论物理（基本粒子）"1982年5月经中国科学技术大学学位评定委员会批准授予理学博士学位。

马中骐（指导教师胡宁教授），男，42岁，中国科学院高能物理所1978年入学研究生，学习专业"高能物理（粒子物理理论）"1982年3月经中国科学院数学物理学部学位评定委员会批准授予理学博士学位。

单墫（指导教师王元研究员和常庚哲教授），男，39岁，中国科学技术大学1978年入学研究生，学习专业"基础数学（数论）"1983年3月经中国科学技术大学学位评定委员会批准授予理学博士学位。

王建磐（指导教师曹锡华教授），男，34岁，华东师范大学1978年入学研究生，学习专业"基础数学（代数）"经华东师范大学学位评定委员会批准授予理学博士学位。

赵林城（指导教师陈希孺教授），男，39岁，中国科学技术大学1978年入学研究生，学习专业"概率论与数理统计"1982年5月经中国科学技术大学学位评定委员会批准授予理学博士学位。

白志东（指导教师陈希孺教授），男，38岁，中国科技大学1978年入学研究生，学习专业"概率论与数理统计"1982年5月经中国科技大学学位评定委员会批准授予理学博士学位。

洪家兴（指导教师谷超豪教授和李大潜教授），男，40岁，复旦大学1978年入学研究生，学习专业"基础数学（偏微分方程）"1982年6月经复旦大学学位评定委员会批准授予理学博士学位。

冯玉琳（指导教师），男，40岁，中国科学院计算技术所1978年入学研究生，学习专业"计算机软件"1982年7月经中国科学院学位评定委员会批准授予工学博士学位。

徐功巧（指导教师邹承鲁研究员），女，40岁，中国科学院生物物理所1978年入学研究生，学习专业"分子生物学"1983年1月经中国科学院生物学部学位评定委员会批准授予理学博士学位。

苏淳（指导教师殷涌泉教授），男，37岁，中国科学技术大学1978年入学研究生，学习专业是"概率论与数理统计"1983年4月经中国科学技术大学学位评定委员会批准授予理学博士学位。

徐文耀（指导教师），男，39岁，中国科学院地球物理所1978年入学研究生，学习专业"高层大气物理"1983年1月经中国科学院地学部学位评定委员会批准授予理学博士学位。

李尚志（指导教师曾肯成教授），男，35岁，中国科学技术大学1978年入学研究生，学习专业"基础数学（代数）"1982年5月经中国科学技术大学学位评定委员会批准授予理学博士学位。

黄朝商（指导教师戴元本研究员），男，44岁，科学院理论物理所1978年入学研究生，学习专业"量子场论和基本粒子理论"1982年8月经数学物理学部学位评定委员会批准授予理学博士学位。

李绍宽（指导教师夏道行教授和严绍宗教授）。

谢惠民（指导教师关肇直研究员），男，43岁。

● 《人民日报》对新中国首批博士学位获得者进行报道

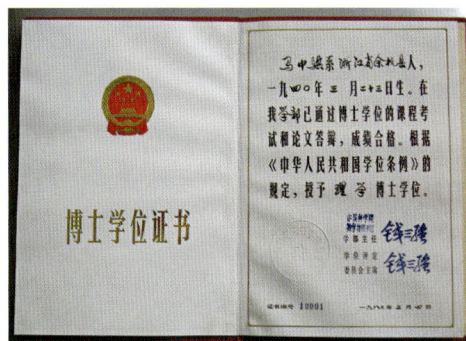

● 马中骐博士学位证书

创建中国科学技术大学研究生院

● 1996 年 8 月 7 日，中国科学技术大学"211 工程"建设项目可行性研究报告通过专家论证

● 1999 年 7 月，中国科学院、教育部、安徽省人民政府重点共建中国科学技术大学
协议签字仪式（从左至右：路甬祥、陈至立、王太华）

中国科学技术大学迁到合肥之后，校部研究生教学规模不断扩大，1985 年 11 月 15 日，中国科学技术大学研究生部正式更名为中国科学技术大学研究生院（合肥），与中国科学技术大学研究生院（北京）南北呼应。1995 年 12 月，中国科学技术大学获批成为全国首批进行"211 工程"建设的大学。1996 年 2 月 26 日，当时国家教委批准国内大学建设首批 10 个研究生院，中国科学技术大学研究生院是其中之一。

1999 年 7 月，中国科学院、教育部、安徽省人民政府签署重点共建中国科学技术大学协议，决定共同加大力度支持中国科学技术大学在 21 世纪初建成世界知名的高水平研究型大学，中国科学技术大学成为国家首批建设的 9 所"985 工程"高校之一。

从学校初创到二次创业、重新崛起，中科大的研究生教育形成了自己的鲜明特色：重视在学科交叉中培养新型、边缘、交叉学科的高级尖端人才；坚持以国际学科前沿为导向，鼓励研究生勇于选择富有挑战性的学科或高新技术前沿课题进行研究，培养学生创新精神和创新能力；建立环环相扣、层层把关的质量保证机制，稳步提升研究生培养质量。

CUSPEA（中美联合招考物理学研究生赴美留学项目）

在"科学的春天"沐浴下，中国科学院的科研和教育得到了迅速的恢复和发展，并站在了改革开放之初国家科教领域国际合作交流的前列。从 1979 年开始，李政道教授主持实施中美联合招考物理学研究生赴美留学项目（CUSPEA）。受教育部和中国科学院的委托，由中国科学技术大学研究生院（后中国科学院研究生院）负责全国 CUSPEA 学生的招考、面试、录取等具体工作。这是改革开放之初通过国际合作培养高级科技人才的一个成功创举，也对我国后来国际教育交流合作的开展，发挥了重要的示范和带动作用。至 1988 年 CUSPEA 项目结束，共遴选了 915 名学生到 76 所美国大学攻读物理学博士学位，其中中科大学生 237 名，占全部人数 25.8%，居全国高校之首。

● CUSPEA 代表团在李政道教授家中做客

1998 年 - 2014 年
发展与创新期

中国科学院自 1977 年起，经过 20 年的努力，已经培养造就了不少高层次人才，但仍然远低于国际先进水平，跟国内一些著名高校相比也有差距。因此，中国科学院的研究生培养工作，不论在质量上还是规模上都迫切需要跃上一个新的台阶。

1992 ~ 1999 年，全国高等院校的研究生招生规模以 10% ~ 20% 的速度稳步增长。中国科学院许多研究所也有扩大招生指标的愿望。但是，研究所各自为政小规模培养研究生，导致课程质量参差不齐、校园文化缺失等问题，难以形成中国科学院的研究生教育品牌。

面对中国科学院发展的人才需求和研究生分散培养所存在的问题，中国科学院更名组建新的中国科学院研究生院，对全院科教资源整合，探索"科教结合"的体制机制，培养国家需要的高层次人才。

更名组建"中国科学院研究生院"

1998 年，伴随着党中央国务院实施建设国家创新体系的重大战略决策，中国科学院全面展开了"知识创新工程"试点工作，研究生教育改革是其中的重要组成部分。虽然中国科学院在过去几十年的研究生教育中取得了许多开创性的突出成绩，但在面临时代发展的新要求时，其领导体制、管理机制、培养方式、环境条件等方面仍需改革完善。为了适应国家和社会对高层次创新创业人才培养的时代要求，充分发挥中国科学院的综合优势，更有利于研究生的健康成长和全面发展，中国科学院 2000 年 9 月向国务院提出，将当时全院 109 个研究所的研究生教育，进行体

制机制改革和资源整合，并在中国科技大学研究生院（北京）的基础上，更名组建中国科学院研究生院。2000 年 12 月，经国务院学位委员会、教育部批准，"中国科学院研究生院"正式组建成立。2001 年 5 月 22 日，新研究生院更名成立的揭牌仪式在北京玉泉路园区隆重举行。

重新组建的中国科学院研究生院，由北京的 3 个教学园区、京外的 5 个教育基地、分布全国的 100 余个研究生培养单位组成；对各研究所的研究生教育实行"统一招生、统一教育管理、统一学位授予"和"院所结合的领导体制、师资队伍、管理制度、培养体系"；完善了在集中教学园区完成为期一年的课程学习、进入研究所跟随导师在科研实践中开展课题研究并完成学位论文的"两段式"培养模式；形成了以中国科学院研究生院为平台和形象、以中国科学院所属研究所为基础和延伸的完整教育体系。研究生教育体制的改革，使中国科学院研究生院成为了中国科学院各研究所"共有、共治、共享"的研究生教育培养大学校，100 多个科研实力雄厚的研究所共同承担研究生培养任务，实现了高水平科技创新与高层次人才培养的紧密结合、相互促进，符合高质量创新创业人才培养的内在规律。

● 2001 年 5 月 22 日，中国科学院研究生院更名成立，时任中国科学院院长路甬祥发表讲话

● 2012 年 9 月 6 日,中国科学院院长、时任国科大校长白春礼院士在国科大首次开学典礼上讲话。

更名成立中国科学院大学

2012 年 6 月,经教育部、中编办批复,中国科学院研究生院正式更名为中国科学院大学(简称国科大)。更名后的国科大,以"科教融合、育人为本、协同创新、服务国家"为办学理念,与中国科学院各研究所一同为国家培养高层次创新创业人才。2013 年 9 月 3 日,国科大雁栖湖校区开始启用,园区占地 1070 亩,建筑面积 36 万平米。校园分为东西两区,可满足上万名学生集中生活和学习的需要。

2014 年,国科大经教育部批准开始招收本科生,探索科教融合培养拔尖创新人才的新模式。国科大招收首届本科生 332 名,分布在数学、物理学、化学、生命科学、材料科学与工程、计算机科学与技术 6 个专业。招收本科生,标志着国科大形成了以研究生教育为主,覆盖本科、硕士、博士完整的高等教育体系,是国科大发展历程中的又一里程碑。

● 2012 年 9 月 6 日，中国科学院大学举行更名后的首次开学典礼。

● 中国科学院大学首批本科生迎新会

● 2014 年 9 月，国科大雁栖湖校区开学典礼。中国科学院副院长、国科大校长丁仲礼讲话。

● 2013 年 7 月 17 日，习近平总书记考察中国科学院，并叮嘱国科大学子立志报效祖国、服务人民。
2014 年 7 月 17 日，国科大召开"重温总书记寄语，铭记新一代使命"学生座谈会，中科院院长、国
科大名誉校长白春礼与师生代表，一起重温了总书记寄语。

率先建成国家创新人才高地

2013年7月17日，中共中央总书记、国家主席、中央军委主席习近平来到中国科学院考察工作，他肯定中国科学院是"一支党、国家、人民可以依靠、可以信赖的国家战略科技力量"，同时也对中国科学院寄予厚望。他希望中国科学院要牢记责任，"率先实现科学技术跨越发展，率先建成国家创新人才高地，率先建成国家高水平科技智库，率先建设国际一流科研机构"。

习总书记还和国科大学子亲切交流，他对同学们说，我们处于一个伟大的时代，有着伟大的目标，可谓生逢其时、责任重大。希望同学们珍惜宝贵的青春年华，坚持理想，脚踏实地，既勤于学习、善于学习，打牢知识功底、积蓄前进能量，又勇于探索、勇于突破，不断认识科技世界新领地，立志报效祖国、服务人民。

这里大师云集，星光熠熠。一代代中国科学院人自觉把个人理想与祖国命运紧密相连，传承着矢志不渝的报国信念。

厚积薄发 其命维新

HOU JI BO FA QI MING WEI XIN

　　60 余年的研究生教育探索，中国科学院为国家贡献了科研、教育、管理、商业等各类人才，同时也积淀了深厚的育人经验和科教基础。中国科学院遵循"在高水平科研实践中培养高层次人才"，坚持"科研与教育并举，出成果与人才并重"，迄今培养了 15.3 万余名研究生，其中博士生 6.5 万余名，硕士生 8.8 万余名。300 余位院士领衔的万余名导师队伍，国际先进的大科学装置，充足的科研经费以及前沿研究课题，科教融合的体制机制改革，为研究生教育提供了坚实的科教平台。

　　2012 年，中国科学院党组确立出成果出人才出思想"三位一体"的战略使命，探索建立研究机构、学部、教育机构"共有、共治、共享"三位一体的教育发展架构，成立了中国科学院教育委员会，加强大学与研究机构、学部在学生培养、专业课程、师资队伍等方面的合作，为社会培养大批高层次科技创新创业人才，把中国科学院建设成为培育我国科技骨干人才的"大学校"。

大师云集 薪火相传
DA SHI YUN JI XIN HUO XIANG CHUAN

**一代代中科院人
传承着矢志不渝的报国信念**

中国科学院汇聚和造就了一大批为新中国科技事业做出重大贡献的科学大师。这里有共和国"两弹一星"元勋，也有国家最高科技奖获得者，有勇攀世界科技高峰的杰出科学家，也有青少年的励志楷模……他们既是治学严谨的科学家，也是海人不倦的研究生导师。这里大师云集，星光熠熠。一代代中国科学院人自觉把个人理想与祖国命运紧密相连，传承着矢志不渝的报国信念。

建院初期主要学科奠基人

贝时璋
生物物理学家

陈焕镛
植物学家

陈世骧
动物学家

戴芳澜
真菌学家

范文澜
真菌学家

冯德培
生理学家

顾功叙
地质学家

侯德封
地质学家

华罗庚
数学家

李四光
地质学家

柳大纲
化学家

陆学善
物理学家

陆志韦
心理学家

罗常培
语言学家

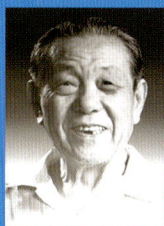

彭桓武
物理学家

钱崇澍
植物学家

钱三强
物理学家

钱学森
力学家

斯行健
古植物学家

童第周
生物学家

王淦昌
物理学家

王家辑
水生生物学家

王应睐
生物化学家

吴学周
化学家

吴有训
物理学家

伍献文
水生生物学家

夏鼐
考古学家

严济慈
物理学家

杨钟健
古生物学家

叶渚沛
冶金学家

张大煜
化工学家

张钰哲
天文学家

赵承嘏
药物学家

赵九章
地球物理学家

郑振铎
文学史学家

周仁
陶瓷学家

竺可桢
气象学家

庄长恭
化学家

"两弹一星" 元勋中的

中国科学院院士和在中国科学院工作过的科学家

● 1999 年中央领导在人民大会堂为两弹一星元勋颁奖

于　敏

王 大 珩

王 希 季

朱 光 亚

孙 家 栋

任 新 民

吴 自 良

陈 芳 允

陈 能 宽

杨 嘉 墀

周 光 召

钱 学 森

屠 守 锷

黄 纬 禄

程 开 甲

彭 桓 武

王 淦 昌

邓 稼 先

赵 九 章

钱 骥

钱 三 强

郭 永 怀

国家最高科技奖获得者

吴文俊
中国科学院数学与系统科学研究院

黄昆
中国科学院半导体研究所

刘东生
中国科学院地质与地球物理研究所

叶笃正
中国科学院大气物理研究所

李振声
中国科学院遗传与发育生物学研究所

吴征镒
中国科学院昆明植物研究所

师昌绪
中国科学院金属研究所

谢家麟
中国科学院高能物理研究所

郑哲敏
中国科学院力学研究所

张存浩
中国科学院大连化学物理研究所

于敏
中国科学院近代物理研究所

名师施教，育人为本

● 华罗庚院士参加学生论文答辩

● 1958 年，钱学森院士和他的研究生

● 吴文俊院士指导学生

● 严济慈、吴文俊、马大猷等老一辈科学家与中国科学技术大学少年班学生在一起

● 许靖华院士讲课

● 李振声院士与学生共同讨论

● 吴征镒院士与学生交流

● 童秉纲院士与学生讨论

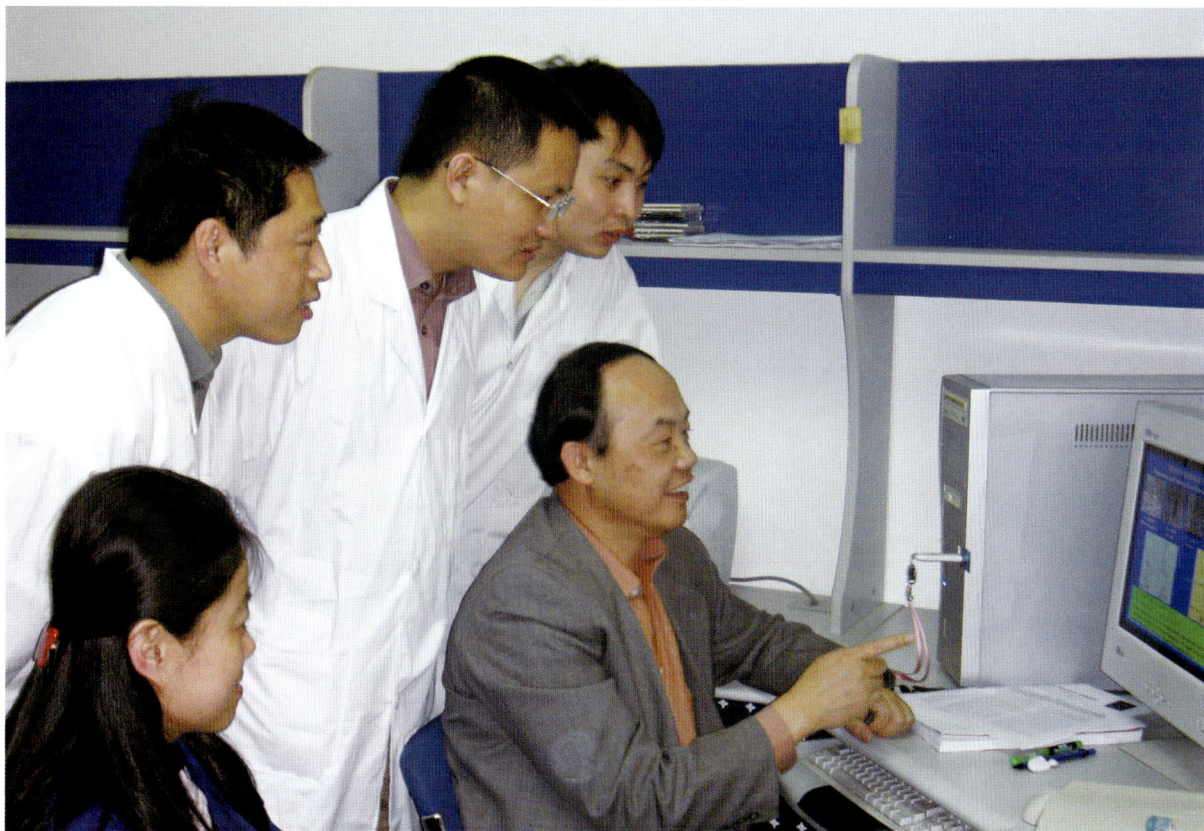

● 姚建年院士指导学生

● "两弹一星"元勋彭桓武院士在中国科学院研究生院讲课

● 白春礼院士在《纳米与生物技术系列讲座》中为研究生上课

● 中国科学院上海技术物理研究所方家熊院士指导研究生

● 中国科学院武汉岩土力学研究所
葛修润院士给学生修改论文

● 中国科学院金属研究所胡壮麟院士与学生讨论课题

● 中国科学院上海生命科学研究院郭爱克
院士为研究生授课

● 中国科学院声学研究所李启虎院士现场指导学生实验

● 中国科学院生态环境研究中心曲久辉院士指导研究生

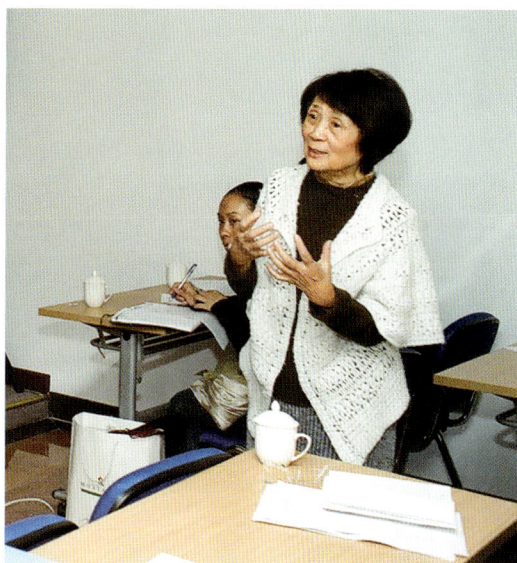

● 中国科学院植物研究所匡廷云院士为研究生授课

● 中国科学院上海药物研究所唐希灿院士讲解课题

● 中国科学院半导体研究所王占国院士指导学生实验

● 中国科学院长春光学精密机械与物理研究所王家骐院士与学生共同探讨学术问题

● 中国科学院大连化学物理研究所杨学明院士指导课题组

● 中国科学院数学与系统科学研究院袁亚湘院士课下与
研究生讨论问题

● 中国科学院化学研究所朱起鹤院士指导研究生

平台高端 资源丰富

PING TAI GAO DUAN ZI YUAN FENG FU

北京正负电子对撞机

长短波授时中心

中国科学院依托各研究所的重大科技设施、各类实验室、野外台站等先进的科研资源和重大科技项目，形成了得天独厚的育人条件。中国科学院下辖104个不同学科门类的研究所，分布在全国各省市。全院共拥有130多个国家级重点实验室和工程中心，100多个野外观测台站以及20余项国家重大科技基础设施。中国科学院科研经费总量逐年增加，到2013年已达350.71亿元，各研究所开展科技活动课题3.54万个，其中包括基础研究、应用研究以及科技服务等方面。这些科研资源为开展前沿科学研究提供了保障，形成了中国科学院"在高水平科研实践中培养高层次人才"的特色和传统。

重离子加速器

武汉生物安全实验室

500 米口径球面射电望远镜

西南野生生物种质资源库

1 中国科学院承担了 20 余项国家重大科技基础设施的建设与运行，其中运行设施 14 个。

实验 1 号 科考船

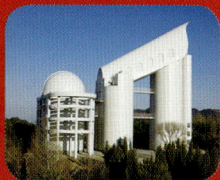
郭守敬望远镜

子午工程

遥感飞机

遥感卫星地面站网

遥感卫星地面站

科学号 科考船

上海 光源

神光 2 号 激光装置

蛋白质设施

稳态强磁场

北京
青岛
兰州
西安
合肥
上海
武汉
贵州
昆明
广东

大亚湾中微子实验

散裂中子源

超导托卡马克

合肥同步辐射装置

2 五大野外台站网络 150 个台站

阜康

天山 ✪

阿克苏 ●

阜康站

✪ 塔中

临泽 ●

策勒 ●

格尔木 ✪

海北

纳木错 ✪

拉萨

珠峰

藏东南 ✪

贡嘎

贡嘎山站

哀牢山 ●

东

版纳

● 中国生态系统研究网络　42个站

✪ 特殊环境与灾害监测网　10个站

✺ 区域大气本底监测网　5个站

★ 日地空间环境观测台链　4个中心站

⭐ 近海海洋观测研究网络　7个站

漠河站

海伦

三江

内蒙草原

净月潭

长白山

尔多斯

奈曼

沈阳

长白山站

兴隆站 北京森林

城市

怀来

香河站

栾城

安塞

禹城

胶州湾

封丘

**动力大地
测量站**

长武

常熟

盐亭

神龙架

太湖

东湖

洞庭湖

鄱阳湖

桃源

鹰潭

会同

千烟山

鹤山

鼎湖山

大亚湾

鼎湖山站

亚站

三亚

胶州湾站 **黄海
观测站**

**东海
观测站**

大亚湾站

三亚站 **西沙浮标站**

南沙监测站

长城站

中山站

昆仑站

3 科研实践

● 500 米口径球面射电望远镜上空的星迹（国家天文台）

● 中国科学院北京新技术基地全景（光电研究院）

● 考古人（古脊椎动物与古人类研究所）

● 上海光源航拍图

● 戈壁深处气象人（青藏高原研究所）

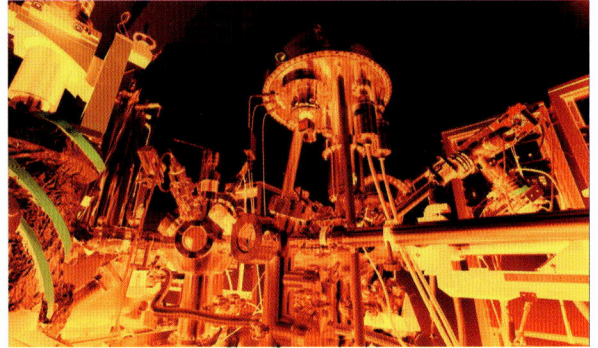

● 科技之光（长春应用化学研究所）

● 中国科学院国家授时中心洛南场区

● 星光下的 FAST（500 米口径球面射电望远镜）（国家天文台）

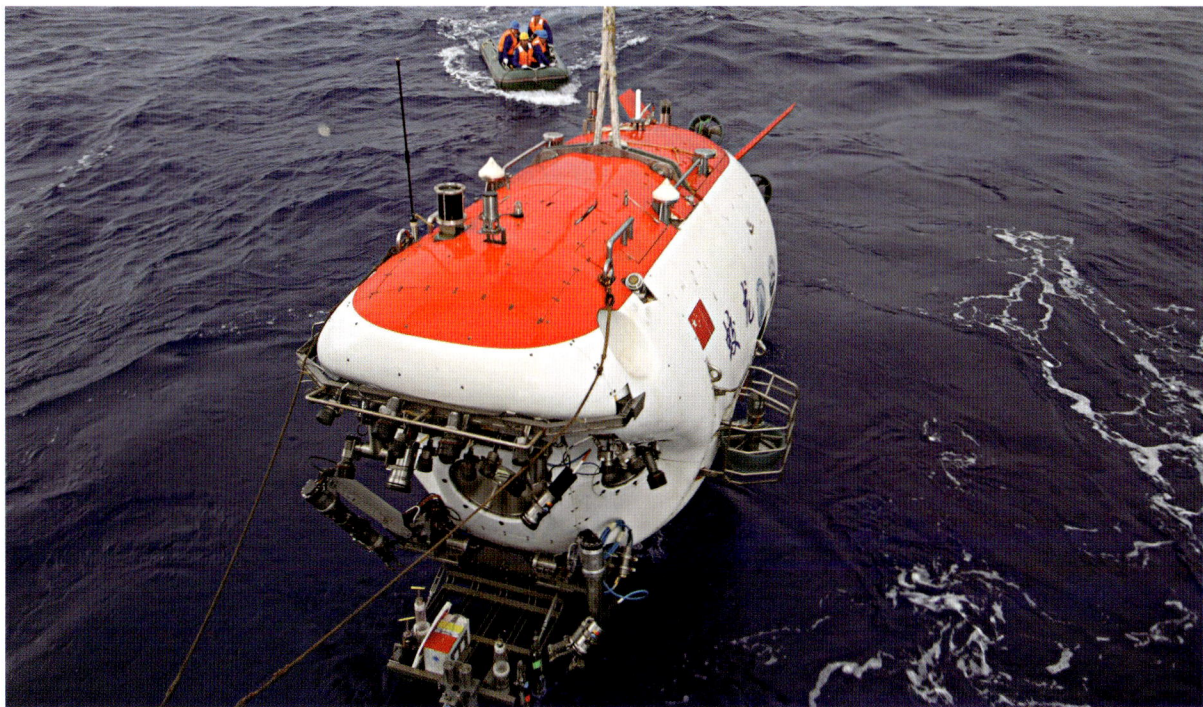

● 蛟龙号载人深潜器

● 冰川考察（青藏高原研究所）

● 遥测太空——长春人造卫星观测站

● 野外监测（电子学研究所）

● "实验1"科考船（南海海洋研究所）

4 国际合作

● 白春礼院长与瑞典隆德大学校长签订合作协议

● 第 35 届国际科技考古学术讨论会

● 东京大学校长小宫山宏教授发表学术演讲

● 国科大学生参加澳大利亚格里菲斯大学举办的第五届"国际学生论坛"

● 美国加州大学圣塔巴巴拉分校校长杨祖佑院士与
  国科大本科生交流

● 美国前副总统戈尔与国科大学子交流

● 首位"爱因斯坦讲习教授"、诺贝尔生理与医学奖
获得者 Erwin Neher 教授来访

● 诺贝尔奖获得者丁肇中演讲

● "2013 诺奖获得者北京论坛"合影

● 2013 年，国科大国际学院秋季开学典礼

● 国科大中丹学院学生进行科学实验

● 国科大留学生走进实验室

5 科学人文相映成辉

● 2003 年以来，由路甬祥和郑必坚共同发起的"中国科学与人文论坛"，迄今已举办 159 场高水平专题演讲，为在校生提供了培养战略思维、国际视野、辩证方法的珍贵机会

● 费正清东亚中心前主任、社会学家傅高义（EzraVogel）教授

● 秦大河院士做报告

● 王志珍院士在国科大做报告

● 李家洋院士为研究生做学术讲座

● 中国科学院生物物理研究所陈霖院士做学术讲座

● 中国科学院研究生参加公益募捐

● 国科大"博士合唱团"自 2004 年成立以来，公益演出足迹遍布大江南北。

● 2015 年 4 月 25 日晚，汉唐古典舞"大美不言"北京舞蹈学院专场，在中国科学院大学玉泉路校区礼堂拉开序幕。十年间，国科大高雅艺术进校园活动已演出 67 场。

● 中国科学院大学北京集中教学园区每年组织的"校园文化艺术节"、"高雅艺术进校园"、"青春的风采"文艺汇演等色彩纷呈的校园文化活动，展示了朝气蓬勃的青春活力。

英才辈出 独领风骚

科研与教育并举
出成果与出人才并重

60 余年的发展中，中国科学院坚持"科研与教育并举、出成果与出人才并重"，在高层次人才的培养中取得了显著的成绩。迄今，中国科学院已累计培养 15.3 万余名研究生，其中博士生 6.5 万余名，硕士生 8.8 万余名。他们中有勇攀科学高峰的两院院士，有启发心智的教育专家，有孜孜探索的科研学者，有领军高新企业的商界英才，有献身国防的高级指挥官，有创新创业的青年才俊……一代代中国科学院学子成为国家科技、教育、国防、经济等重要领域的领军人物和中坚力量，在新中国的发展中留下了闪光的足迹。

中国科学院大学 2015 年学位授予仪式

中国科学院研究生院 2006 年学位授予仪式

中国科学院大学 2014 年学位授予仪式

年 学 位 授 予 仪 式 合 影 2015.7.5

163位院士校友

　　中国科学院院士、中国工程院院士是我国科学技术界、工程技术界的杰出代表，是国家的财富、人民的骄傲、民族的光荣。截至2013年，中国科学院迄今已培养163位院士。他们胸怀报国为民的理想追求，聚焦国家战略需求，勇攀科学技术高峰，创造了举世瞩目的成就，为推动我国科技进步、经济发展、人民生活水平提高、国防建设和优化国家决策作出了重大贡献。

（按照姓氏拼音排序）

| 安芷生 | 白春礼 | 白以龙 | 陈和生 | 陈凯先 | 陈立泉 | 陈霖 | 陈润生 |

| 陈希孺 | 陈颙 | 陈运泰 | 成会明 | 褚君浩 | 崔鹏 | 崔向群 | 戴元本 |

| 邓中翰 | 丁伟岳 | 丁仲礼 | 董春鹏 | 杜善义 | 鄂维南 | 范滇元 | 范维澄 |

 方家熊
 冯小明
 符淙斌
 傅家谟
 龚惠兴
 桂建芳
 郭光灿
 郭华东

 郭雷
 韩布兴
 何多慧
 洪德元
 侯建国
 胡敦欣
 黄民强
 黄荣辉

 江桂斌
 蒋洪德
 金红光
 康乐
 赖远明
 李邦河
 李灿
 李崇银

 李国杰
 李洪钟
 李家春
 李家洋
 李静海
 李林
 李曙光
 李树深

 李亚栋
 李言荣
 李玉
 林惠民
 林尊琪
 刘丛强
 刘嘉麒
 刘连元

 刘文清
 刘新垣
 刘以训
 刘振兴
 卢柯
 卢佩章
 陆大道
 罗俊

| 吕达仁 | 麻生明 | 马志明 | 马宗晋 | 毛用泽 | 欧阳自远 | 潘建伟 | 彭平安 |

| 饶子和 | 戎嘉余 | 沈保根 | 施蕴渝 | 石耀霖 | 宋湛谦 | 孙鸿烈 | 孙龙德 |

| 佟振合 | 童秉纲 | 万卫星 | 汪景琇 | 王大成 | 王鼎盛 | 王恩多 | 王会军 |

| 王家骐 | 王如松 | 王曦 | 王震西 | 王志新 | 王志珍 | 王自强 | 魏奉思 |

| 魏复盛 | 吴国雄 | 吴奇 | 吴一戎 | 吴以成 | 吴有生 | 吴岳良 | 武维华 |

| 武向平 | 夏佳文 | 向涛 | 解思深 | 谢毅 | 徐建中 | 许厚泽 | 许祖彦 |

| 薛其坤 | 薛群基 | 严加安 | 杨乐 | 杨秀敏 | 杨秀荣 | 杨学明 | 杨裕生 |

| 杨元喜 | 姚檀栋 | 姚振兴 | 叶恒强 | 衣宝廉 | 俞昌旋 | 俞鸿儒 | 袁亚湘 |

| 翟明国 | 张福绥 | 张涵信 | 张洪杰 | 张杰 | 张培震 | 张偲 | 张涛 |

| 张伟平 | 张亚平 | 张裕恒 | 张泽 | 张肇西 | 赵政国 | 赵忠贤 | 郑建华 |

| 周巢尘 | 周成虎 | 周其林 | 周寿桓 | 周向宇 | 周志炎 | 周忠和 | 朱清时 |

| 朱日祥 | 朱作言 | 庄文颖 |

国防人才杰出代表

潘良时

秦卫江

李崇银

曹保榆

常永福

陈作斌

焦安昌

刘奇志

耿荣生

张志成

王元元

李恒星

周建生

束富荣

罗 箭

刘 雷

人文与管理人才杰出代表

朱 菁
　　中山大学教授。1994 在中国科学院研究生院获科学技术哲学硕士学位。

张贵林
　　北京市门头沟区委副书记，区长。中国科学院大学管理学院 2004 级博士研究生。

张炳南
　　中国黄金协会副会长、秘书长。中国科学院大学管理学院 2005 级 MBA 学生。

杨 勇
　　中共新疆维吾尔自治区党委组织部副部长。中国科学院大学管理学院 2010 级博士研究生。

王作跃
　　美国加州州立理工大学普莫娜分校教授。1985 年在中国科学院研究生院获科学思想史硕士学位。

夏春秋
　　普巴软件公司董事长。2009 在中国科学院研究生院获科学技术哲学博士学位。

范剑青
　　普林斯顿大学教授，中组部"千人计划"专家。1986 年中国科学院应用数学所获得硕士学位。

张红力
　　中国工商银行副行长。中国科学院大学管理学院 2008 级博士研究生。

企业家杰出代表

邓中翰
"星光中国芯"工程总指挥

杨元庆
联想集团董事局主席

胡伟武
龙芯 CPU 首席科学家

郭为
神州数码公司总裁

王拴红
格林期货有限公司创始人
格林集团董事长

张亚勤
微软公司全球资深副总裁
微软中国研发集团主席

辛文
北京全式金生物技术有限
公司总裁。

田溯宁
中国宽带资本基金董事长。

国际科研人才杰出代表

黄明贤

中组部创业"千人计划"引进者，2010年创立郑州英诺生物科技有限公司。1986年于中国科学院大连化学物理研究所获得硕士学位。

刘重阳

中组部"千人计划"入选者，南方科技大学化学系讲座教授。1987年于中国科学院大连化学物理研究所获博士学位。

乐晓春

加拿大皇家科学院院士，加拿大阿尔伯塔大学终身教授。1986年于中国科学院生态环境研究中心获得硕士学位。

李 凯

美国工程院院士、普林斯顿大学教授，1981年毕业于中国科学技术大学研究生院。

李 明

加拿大皇家学院院士、国际计算机机械学会（ACM）成员，电子、电工工程师研究会（IEEE）会士，1980年以高中的学历直接考上中国科学院硕士研究生。

张永强

澳大利亚联邦科学与工业研究组织（CSIRO）陆地与水资源所首席研究员。2004年于中国科学院地理科学与资源研究所获得理学博士。

周 郁

美国工程院院士、普林斯顿大学电机系教授，于1978年从中国科技大学物理系毕业。

程亦凡

美国加州大学旧金山分校副教授。1991年获中国科学院物理研究所获博士学位。

年轻创业人才杰出代表

张 博
滴滴打车 CTO
　　2008 年于中国科学院软件研究所硕士毕业。

王伟宁
　　365 好老师创始人兼 CEO。2001 年于中国科学院研究生院获凝聚态物理博士学位。

王 博
爱投资 CEO
　　首创国内 P2C 类信托模式
　　毕业于中国科学院计算技术研究所。

殷雪冰
　　2008 年考入中国科学院光电技术研究所。2011 年初创办了北京忆恒创源科技有限公司，担任首席产品和技术架构师至今。

刘成城
　　现任北京协力筑成传媒科技有限公司（36 氪）联合创始人兼 CEO。2010 年进入中国科学院研究生院管理学院攻读硕士学位。

赵 铭
　　北京高阳金信信息技术有限公司董事长，中国科学院大学经济与管理学院 2013 级博士研究生。

科教融合 再谱新篇

KE JIAO RONG HE ZAI PU XIN PIAN

科教融合，共有、共治、共享、共发展

中国科学院将进一步促进科技与经济、科技与教育的紧密结合，深化科教融合，加强中科大和国科大两所高校的建设，创新体制机制，发挥科研实践培养人才的特色和优势，凝聚海内外一流人才，造就世界级科技大师，培养高素质科技创新创业人才，将中国科学院办成大师云集、英才辈出的大学校。

中科大坚持"全院办校、所系结合"办校方针，与合肥物质科学研究院、金属研究所、长春应用化学研究所、南京分院相关研究所共建学院，与院属研究机构共建实验室，互聘教学科研人员、联合培养人才、承担重大科研项目等，发挥科教资源优势，形成国立科研机构与大学紧密结合的办学模式，建设世界一流大学。

国科大坚持"科教融合，共有、共治、共享、共发展"的办校方针，与中国科学院的100余个研究所，在管理体制、师资队伍、培养体系、科研工作等方面高度融合，致力于发展成为独具特色的世界一流高等教育机构。

国科大的核心使命是利用科教融合平台，遴选中国科学院最优质教育教学资源，适当引入外部资源，提供给研究生和本科生，造就德才兼备的科技创新创业人才，为国家的创新驱动发展服务。

国科大的学院一般由一个高水平的北京地区研究所牵头承办，其他相关研究所参与承办。截至2015年7月，共有53个研究所（京区38个、京外15个）承办了国科大13个科教融合式学院，设置了146个教研室（系）。

表：国科大科教融合学院情况

序号	学院名称	主承办研究所	院长
1	数学科学学院	数学与系统科学研究院	席南华
2	物理科学学院	物理研究所	高鸿钧
3	化学与化工学院	化学研究所	张德清
4	生命科学学院	生物物理研究所	康乐
5	地球科学学院	地质与地球物理研究所	朱日祥
6	资源与环境学院	生态环境研究中心	江桂斌
7	计算机与控制学院	计算技术研究所	李国杰
8	电子电气与通信工程学院	电子学研究所	吴一戎
9	天文与空间科学学院	国家天文台	严俊
10	材料科学与光电技术学院	半导体研究所	李树深
11	公共政策与管理学院	科技政策与管理科学研究所	方新
12	工程科学学院	力学研究所	李家春
13	人文学院		郑必坚

中国科学院大学简介

　　中国科学院大学（英文名：University of Chinese Academy of Sciences），简称"国科大"，是国家教育部正式批准成立的一所以研究生教育为主的科教融合、独具特色的高等学校。国科大的前身是中国科学院研究生院，成立于 1978 年，是经党中央国务院批准创办的新中国第一所研究生院，培养了我国的第一个理学博士、第一个工学博士、第一个女博士、第一个双学位博士。经教育部批准，国科大从 2014 年起开始招收本科生。

　　基于中国科学院各研究所的高水平科研优势和高层次人才资源，国科大形成了由京内 4 个校区、京外 5 个教育基地和分布全国的 100 余个研究所组成的"大学校"。学校实行"统一招生、统一教育管理、统一学位授予"和"院所融合的领导体制、师资队伍、管理制度、培养体系"；完善了在集中教学校区完成课程教学和研究所科研实践为主的"两段式"培养模式；形成了以国科大为核心和平台、以研究所为基础和延伸的完整教育体系。目前，国科大在学研究生达 4.45 万余名，其中博士生占 50%。截至 2015 年 9 月，国科大已经累计授予 129397 名研究生硕士、博士学位。

　　国科大拥有一支由院系和研究所师资组成的高水平导师队伍，拥有学生开展科研实践的一流科研环境。目前，全校有指导教师 14564 名，其中院士 293 人，博士生导师 6995 名，岗位教师 2475 名。分布在各研究所的 3 个国家实验室、85 个国家重点实验室、185 个中国科学院重点实验室、41 个国家工程研究中心（实验室），以及众多国家级前沿科研项目，为学生培养提供了宏大的科研实践平台。

　　国科大拥有独具优势和门类齐全的学科体系。在理学的数学、物理、化学、天文学、地学、生物学，以及工学的力学、材料、能源、电子与通信、自动控制、计算机等专业领域，具有明显的学科优势。在保持自然科学基础学科优势的同时，近年来还不断加强应用学科、新兴交叉学科以及人文、社会科学学科的建设。国科大拥有完备的学科体系，共有博士学位授权一级学科点 39 个，分布在哲学、教育学、理学、工学、农学、医学、管理学 7 个学科门类；硕士学位授权一级学科 53 个，分布在哲学、经济学、法学、教育学、文学、理学、工学、农学、医学、管理学 10 个学科门类，覆盖了

54 个一级学科。此外，国科大还拥有工程、工商管理、应用统 计、应用心理、翻译、农业推广、药学、工程管理等 10 类专业学位授权点。另外，中国科学院各研究所还拥有 169 个博士后流动站。

国科大拥有丰富的图书资料和现代化的教学、科研条件。国科大共有共享国家科学图书馆（简称"国科图"），国科图拥有丰富的馆藏资源和电子文献，学生可自由借阅和查询，也可在各分院或各研究所的图书馆有针对性地查阅专业文献。国科大教学设施优良，全面应用多媒体、网络视频教育等现代化教学手段。国科大注重教学质量，严格教学管理，加强师资队伍建设，出版了大量高水平的专业教材，鼓励使用优秀的英文原版教材和英语授课。

国科大基于中国科学院广阔的国际科技合作，与德国马普学会、法国国家科研中心、俄罗斯科学院、美国科学院以及众多世界著名高校建立了密切联系和合作关系，与丹麦科教部及高校联合创建了"中丹学院"等。

国科大拥有浓厚的育人文化氛围。秉承中国科学院"科学、民主、爱国、奉献"的传统和"唯实、求真、协力、创新"的院风，国科大不仅注重培养学生具备扎实的知识基础和科研能力，更注重培养学生勇于创新的科学精神、求真务实的科研品格、敢于担当的社会责任感。国科大通过课程教学、学者报告、科研训练（实践）、社会实践、校园活动等多种方式，促进学生的全面发展。此外，学校还不断组织各种丰富多彩的文体活动，努力营造活跃的校园文化氛围。

面向未来，国科大将秉持"科教融合、育人为本、协同创新、服务国家"的办学理念，践行"博学笃志，格物明德"的校训，为建设创新型国家培养高素质创新创业人才而不懈奋斗。

附录：《中国科学院研究生暂行条例》

（1955 年 8 月 5 日国务院全体会议第 17 次会议通过）

第一章　总则

第一条　科学的发展对于国家建设具有重要意义。科学干部的培养是决定科学发展的重要环节。为了有效地促进科学研究力量的成长，有计划地培养合乎一定标准的科学研究干部，特制定《中国科学院研究生暂行条例》。

第二条　按本条例培养出来的科学研究干部，需具有一定的马克思列宁主义水平、本门科学方面的坚实的基础、有关国家建设的实际知识，并能独立地进行专业的创造性的科学研究工作。

研究生毕业后由中国科学院授予科学副博士学位。

第三条　中国科学院各研究所或相当于研究所的研究机构，是负责培养研究生的基层单位。中国科学院各学部对本学部所领导的各研究机构研究生的培养工作应经常进行检查与督促。

研究生的马克思列宁主义以及外国文的学习由中国科学院统一领导。

第四条　中国科学院每年根据需要与可能，统一规定各学科研究生的招收名额。

第五条　为了鼓励有条件进行科学研究的其他人员努力提高科学水平，凡研究生以外的科学工作人员、学校教师、国家机关和企业的工作人员等著有科学论文的，均可向中国科学院申请，按研究生毕业的要求进行论文答辩，合格者同样授予科学副博士学位。申请时应经所属工作单位推荐，其科学论文必须经有关科学机关或高等学校进行初步审查同意后提出。其具体办法另定。

第二章　研究生的招收

第六条　中国科学院每年七月至九月招收研究生。

第七条　凡年龄在四十岁以下，具有下列条件之一的，可向中国科学院申请作研究生：

（一）高等学校本科毕业有两年以上科学工作、教育工作或其它与科学有关的实际工作经验并具有科学研究能力的；

（二）高等学校本科毕业，成绩优异，经原学校或本人工作部门证明推荐的；

（三）未经高等学校本科毕业，但经科学机关、高等学校或国务院各部、各委员会、各直属机构证明其确实具有高等学校毕业的水平和从事研究工作的能力并负责推荐的。

第八条　申请作研究生的必须送交下列材料：

（一）高等学校毕业证书和历年学习成绩表（第七条第三项提出申请的免交）；

（二）高等学校、科学机关或其他工作机关的推荐书（第七条第一项提出申请的免交）；

（三）本人履历及自传；

（四）最近服务机关或学校关于申请人的工作或学习的鉴定；

（五）健康证明书。

申请作研究生的如有与专业有关的科学论著或其他证明文件，应同时送交。

第九条　中国科学院审查前条所列材料后决定准否申请人参加入学考试。

研究生入学考试包括专业学科、马克思列宁主义的基础和一种外国文。送交科学论著的其科学论著可作为考试成绩的一部分。经中国科学院特殊批准的可免去外国文考试。

第十条　被准予参加研究生考试的在职人员，其供职机关应给予一个月至两个月的假期，以进行考试的准备。

第三章　研究生的培养

第十一条　研究生的修业期限，一般暂定为四年，如有特殊情况，经中国科学院批准，可适当延长或缩短；但延长期限不得超过一年。

第十二条　研究生入学后，即由研究所确定一位研究员担任其学术导师（经学部批准，副研究员也可担任学术导师），研究生在学术导师指导下，进行学习与研究。不在中国科学院研究机构工作的学部委员、研究所学术委员以及其它中国科学院以外的专家经本人与其服务机关同意，可接受研究所委托担任学术导师。每一个学术导师在同一时期内指导的研究生，原则上不超过五人。

第十三条　培养研究生的主要方式是在学术导师指导下，按个人计划进行独立的工作。研究生的个人计划的内容包括下列各项：

（一）一门或两门基本专业课程及一门与论文有关的专业课程；

（二）辩证唯物主义和历史唯物主义；

（三）俄文及其它一种外国文（经中国科学院特殊批准的可免修其它一种外国文）；

（四）学位论文。

研究生的个人计划应在学术导师的指导下拟订，计划中应规定每一阶段学习或工作的内容及完成的期限。关于必修课程部分，在入学后两个月内由学术导师提出，论文计划应于论文工作开始前一年由学术导师提出。研究生个人计划经研究所学术委员会审查后，由研究所所长批准并报学部备案；其计划的修改手续同。

第十四条　研究生学位论文的选题，应从国家建设与科学发展的需要出发，联系所在研究所的发展方向；在论文中必须提出在本专业方面某些理论的或实际的新的研究结果。论文选题应列为研究所研究计划的一部分。

第十五条　研究生一般应在两年内修毕必修的课程，并在个人计划所规定的期限内进行考试。考试由研究所学术委员会主持；考试不及格的经研究所批准可进行一次补考，补考不及格的，不得参加论文答辩。

研究生论文工作的开始不得迟于第二年初。

第十六条　研究生每半年必须在本人所在的研究室或研究组内，作关于个人计划执行情况和学习心得的报告，在研究室或研究组内进行讨论后作出书面总结，提交研究所的学术委员会审查。

第十七条　研究生的学术导师在每学年终了时，必须对研究生作出鉴定，提交研究所学术委员会审查，在鉴定中应反映出研究生研究工作的能力、专业课程学习状况与论文准备的程度。

第十八条　研究生在通过个人计划中所规定的考试和完成学位论文后，应将学位论文及其摘要交由学术导师审阅，再由研究所将论文或论文摘要送请有关专家征求意见，最后经研究所学术委员会审查决定是否提出答辩。论文原稿送交研究所图书室存查。

第十九条　研究生的学位论文经审查同意答辩后，由研究所学术委员会在研究生学术导师以外的专家中聘定一位或两位辩驳人。答辩的日期，由研究所与辩驳人会商决定。在答辩前至少一个月，研究所应将论文或论文摘要分发有关专家与机关，并公布答辩日期。凡愿意参加答辩会者，经研究所同意，均得参加答辩会。

第二十条　学位论文答辩在研究所学术委员会的会议上举行；会议由所长主持。学位论文答辩后，须经研究所学术委员会委员以无记名投票方式过半数通过，投票前学术委员会应与辩驳人交换意见。

第二十一条　研究生在学位论文通过后，即由研究所提请学部审查并报中国科学院批准其毕业，授予科学副博士的学位。

研究生中未被通过学位论文的，在本条例第十一条关于修业年限所规定的范围内，经研究所提请学部审查并报中国科学院批准，可在学术导师指导下重新修改其论文并准备第二次答辩；第二次答辩日期不得迟于第一次答辩日期的一年。

第二十二条　研究生有下列情况之一的，由研究所提出，经学部审查，并报中国科学院批准，取消其研究生资格：

（一）表现没有科学研究工作能力并经学术导师正式提出的；

（二）不能通过必修课程的考试的；

（三）不能如期提出学位论文的；

（四）两次不能通过论文答辩的。

第四章　研究生的待遇与工作分配

第二十三条　研究生的任务是学习，在学习期间不得担任研究工作以外的任务。

第二十四条　研究生享有国家助学金待遇，每年并享有一定的休假期。研究生在原工作单位继续领取工资的，不再给予助学金。

第二十五条　研究生有使用研究所有关设备和参加研究所内各种学术活动和社会活动的权利。

第二十六条　研究生准备学位论文时所必需的资料经费，应由其所在的研究单位负责供应。

第二十七条　研究生的学位论文通过答辩并在导师指导下参考辩驳人所提意见修正后，可在其所在研究单位的刊物上发表，或由研究单位推荐在中国科学院出版的或其它有关的学术刊物上发表；但内容涉及国家机密者除外。

第二十八条　研究生毕业后，除保留原有职务的仍回原单位工作外，均由政府统一分配工作。